LE TRAIT MAGIQUE

LES MACHINES

Karen Bryant-Mole

Illustrations : Graham Round

Rédaction : Jenny Tyler

Traduction : Renée Chaspoul

Des machines à l'usine

Le chat et la souris travaillent dans l'usine à limonade.

- Relie les points rouges, marron, orange, roses, jaunes et bleus pour voir les bouteilles sur le tapis roulant.
- Décris ce que la machine fait aux bouteilles.

1 2 3 4 5 6 7 8 9 10 11 12 13 14 15 16 17 18 19 20 21 22 23 24 2

- Relie les points noirs et tu verras la partie de la machine qui remplit les bouteilles avec la limonade.
- Que fait la souris ? Relie les points verts pour le savoir.

27 28 29 30 31 32 33 34 35 36 37 38 39 40 41 42 43 44 45 46 47 48 49 50

Des machines de course

1 2 3 4 5 6 7 8 9 10 11 12 13 14 15 16 17 18 19 20 21 22 23 24

- Relie les points rouges et les verts pour découvrir deux machines très rapides.
- Relie les point jaunes pour voir qui va très lentement.

6 27 28 29 30 31 32 33 34 35 36 37 38 39 40 41 42 43 44 45 46 47 48 49 50

Des machines de construction

Les animaux travaillent dur sur le chantier de construction.

- Relie les points verts et tu verras la machine dont se sert le cochon pour soulever une lourde poutre. Comment s'appelle-t-elle ?
- Que vois-tu si tu relies les points bleus ?

1 2 3 4 5 6 7 8 9 10 11 12 13 14 15 16 17 18 19 20 21 22 23 24 2

- Que fait la souris ?
  Relie les points jaunes pour le savoir.

- Relie les points rouges.
  Sais-tu comment s'appelle cette machine ?

6 27 28 29 30 31 32 33 34 35 36 37 38 39 40 41 42 43 44 45 46 47 48 49 50

Des machines volantes

À présent, les animaux s'envolent.

- Relie les points jaunes pour voir dans quoi le chat vole.

1 2 3 4 5 6 7 8 9 10 11 12 13 14 15 16 17 18 19 20 21 22 23 24 2

- Relie les points rouges et les verts. Que vois-tu ?
- Une de ces machines est un avion, l'autre un planeur. Les avions ont un moteur. Les planeurs ont de grandes ailes et pas de moteur. Dans lequel des deux se trouve la souris ?

6 27 28 29 30 31 32 33 34 35 36 37 38 39 40 41 42 43 44 45 46 47 48 49 50

Des machines sur la route

- Que conduit l'ours ? Relie les points verts pour le savoir.
- Relie les points jaunes et orange pour découvrir ce que conduit la grenouille.

1 2 3 4 5 6 7 8 9 10 11 12 13 14 15 16 17 18 19 20 21 22 23 24 25

- Relie les points rouges et tu verras ce que conduit la souris.

- Relie les points bleus pour permettre à ses passagers de voir à l'extérieur.

26 27 28 29 30 31 32 33 34 35 36 37 38 39 40 41 42 43 44 45 46 47 48 49 50

Des machines en mer

- Cherche sur ce dessin un pétrolier, un bateau de pêche, un hors-bord et un paquebot.

- Relie les points rouges, bleus, verts et orange pour les voir tous.

1 2 3 4 5 6 7 8 9 10 11 12 13 14 15 16 17 18 19 20 21 22 23 24 25

- Relie les points jaunes. Que vois-tu?
(C'est une bouée; elle signale aux bateaux les rochers dangereux qui se trouvent sous l'eau).

- Qui fait du ski nautique?

27 28 29 30 31 32 33 34 35 36 37 38 39 40 41 42 43 44 45 46 47 48 49 50

Une machine à vapeur

Essaie de deviner ce que font les animaux à présent.

- Le chat conduit une locomotive à vapeur. Relie les points verts pour voir à quoi elle ressemble.

- La locomotive a une chaudière à charbon dont la température est très élevée. Celle-ci chauffe l'eau pour produire de la vapeur, laquelle fait avancer la locomotive.

1 2 3 4 5 6 7 8 9 10 11 12 13 14 15 16 17 18 19 20 21 22 23 24 2

- Relie les points bleus pour voir où on entrepose le charbon. Qui est chargé d'alimenter le foyer en charbon ?
- Relie les points rouges et les jaunes pour voir où sont assis les passagers.

27 28 29 30 31 32 33 34 35 36 37 38 39 40 41 42 43 44 45 46 47 48 49 50

Des machines spatiales

Le chat et la souris se sont posés sur une étrange planète.

- Relie les points rouges pour voir la combinaison spatiale du chat.
- Relie les points verts et tu découvriras son vaisseau.

1 2 3 4 5 6 7 8 9 10 11 12 13 14 15 16 17 18 19 20 21 22 23 24 25

- Relie les points jaunes pour voir la voiture spatiale de la souris. Aperçois-tu son radar ?

- Où est le hérisson ? Relie les points bleus pour le savoir.

- Que vois-tu si tu relies les points orange ?

27 28 29 30 31 32 33 34 35 36 37 38 39 40 41 42 43 44 45 46 47 48 49 50

Des machines de secours

Le chien est très inquiet.

- Relie les points verts et tu verras où se trouve son petit.
- Qui vient le sauver ?

1 2 3 4 5 6 7 8 9 10 11 12 13 14 15 16 17 18 19 20 21 22 23 24 2

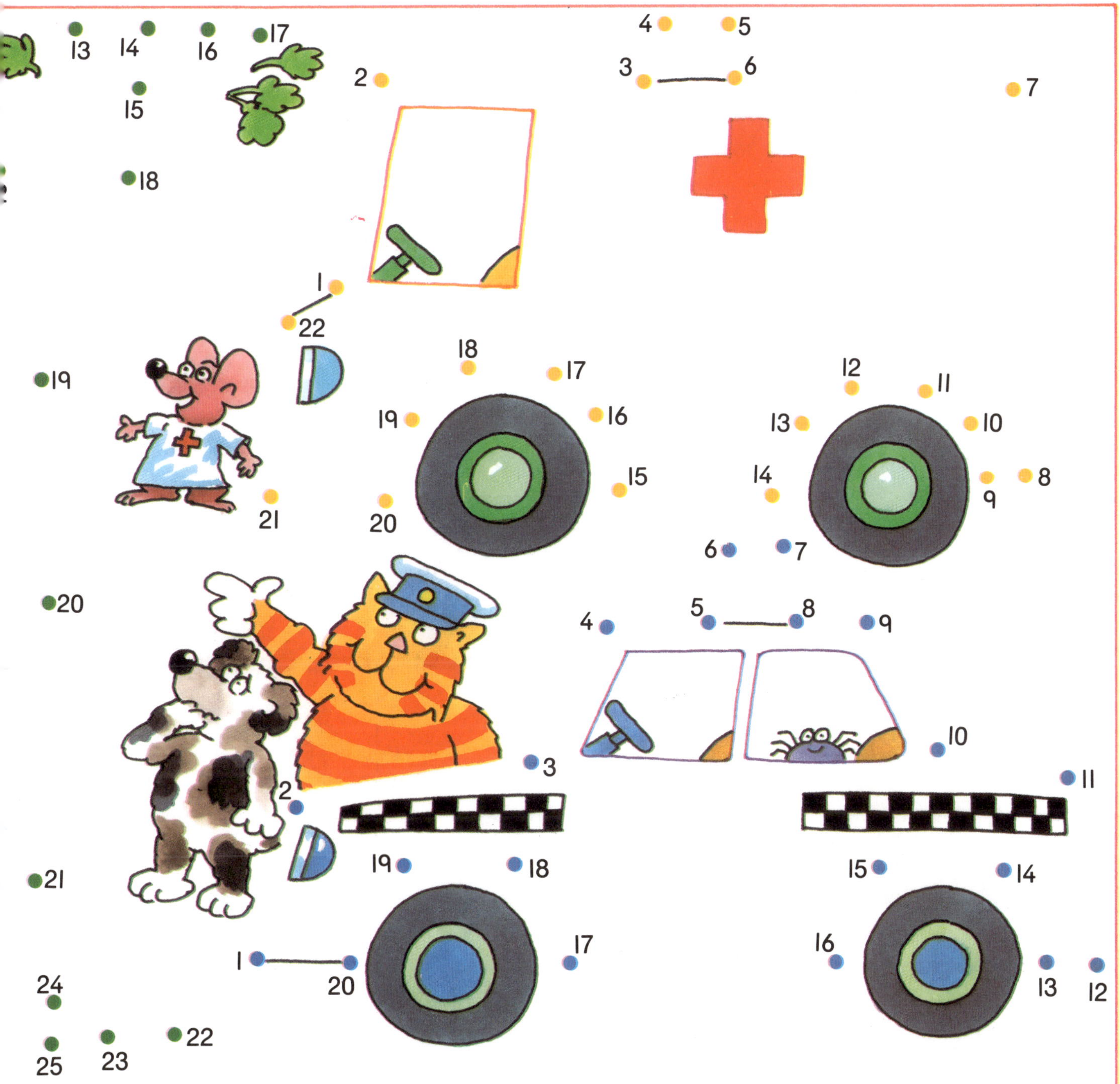

- Relie les points rouges pour savoir si tu avais raison.
- Relie les points jaunes et les bleus pour voir qui d'autre est venu apporter son aide.
- Est-ce que tu vois l'araignée ?

6 27 28 29 30 31 32 33 34 35 36 37 38 39 40 41 42 43 44 45 46 47 48 49 50

Des machines foraines

Le chat achète un ticket pour aller sur le manège.

- Quels sont les animaux sur lesquels il peut monter ?
  Relie les points rouges, les bleus et les jaunes pour le savoir.

1 2 3 4 5 6 7 8 9 10 11 12 13 14 15 16 17 18 19 20 21 22 23 24

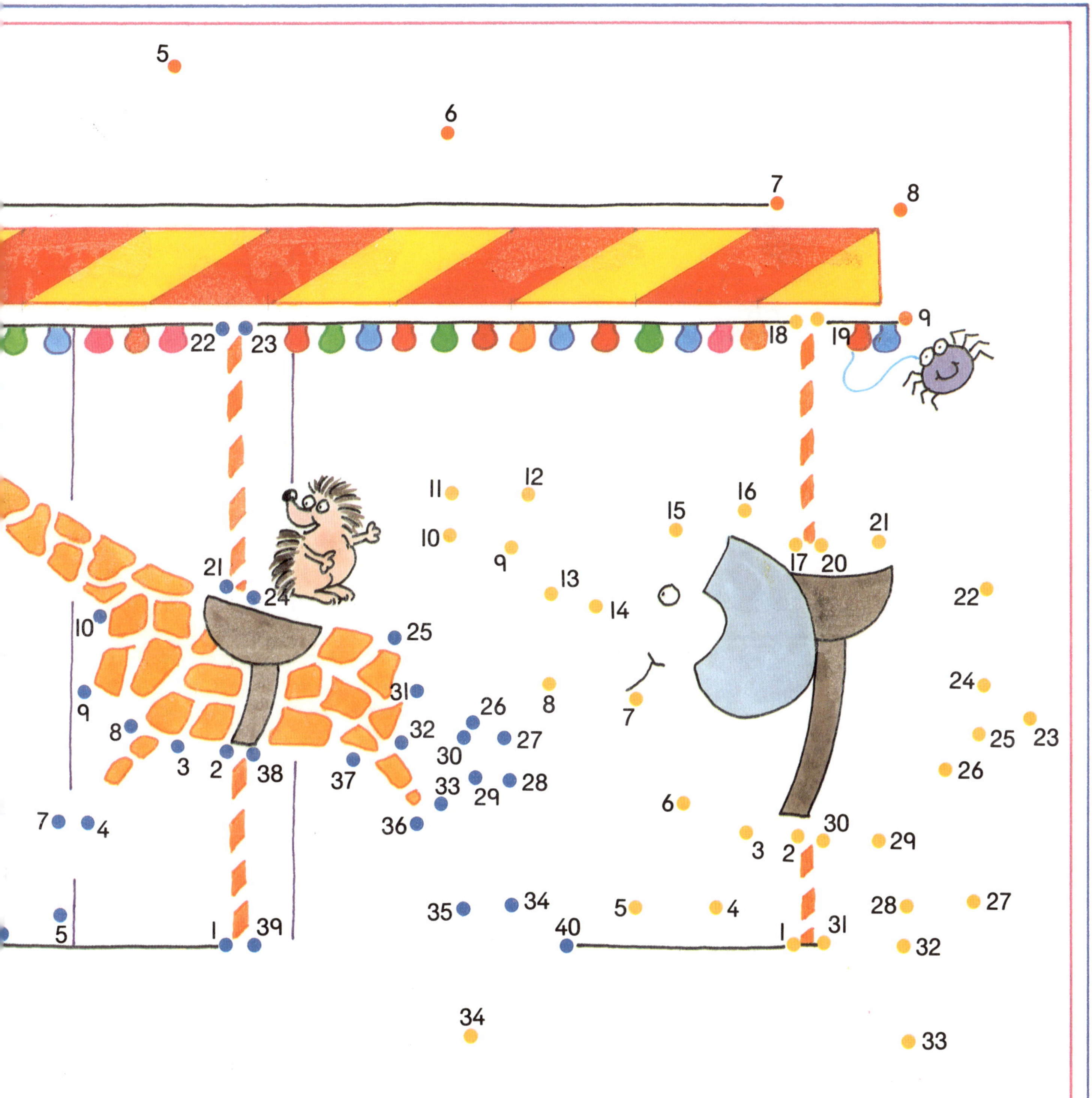

- Relie les points orange pour achever le dessin du manège.
- Quelle autre machine de fête foraine peux-tu voir lorsque tu relies les points verts ?

6 27 28 29 30 31 32 33 34 35 36 37 38 39 40 41 42 43 44 45 46 47 48 49 50

Des machines de jeu

Les animaux s'amusent avec des jouets dans un magasin.

- Le chat a trouvé un jouet télécommandé. Qu'est-ce que c'est? Relie les points orange et les deux groupes de points verts pour le savoir.

1 2 3 4 5 6 7 8 9 10 11 12 13 14 15 16 17 18 19 20 21 22 23 24 2

- Relie les points rouges. Comment fonctionne ce jouet?
- Que font l'ours et le cochon?
- Relie les points roses et les bleus pour le savoir.

27 28 29 30 31 32 33 34 35 36 37 38 39 40 41 42 43 44 45 46 47 48 49 50

Des machines à la maison

La souris est très occupée chez elle.

- Relie les points bleus pour voir ce qu'elle fait.
- Les aspirateurs fonctionnent grâce à l'électricité. Relie les points verts et les rouges pour trouver d'autres appareils électriques.